तड़प

कुमार हरीश

Instagram - @dil.hai.shayar

Gmail - harish.iitdelhi@gmail.com

सूची

आमुख

कुछ कहानियाँ ऐसी होती हैं, जो सबको पता हैं, फिर भी उनके बारे में कोई नहीं जानता। कहो तो, वो इतनी आम हो चुकी होती हैं कि उनकी ख़ासियत बस वो समझता है जिसकी वो आप बीती हैं।

ये हक़ीकत तो होती हैं, मगर जिस इंसान की हक़ीकत होती हैं, वो खुद ख़्वाबों में रहा करता है।

कोई इनमें ख़ुदा होता है, तो कोई अपने ख़ुदा से जुदा होता है। ये एक सफर होती हैं, जिसमें इन्सान अपनी मंज़िल की ताक लगाये, रस्ते पे चलना भूल जाता है।

ऐसी ही एक आपबीती है "तड़प", जो किसी के दिल की गहराई में एक अरसे से दफ़न है।

"तड़प" एक ऐसा "शायरी - संग्रह" है जिसका एक-२ लफ्ज़ आपके दिल के अंदर छिपे हुए एहसासों को करीब से छू कर निकल जायेगा।

हो सकता है ये आपकी आँखों को नम भी कर दे।

मैं कौन हूँ?

मेरी न तो शौहरत बड़ी है, न ही मैं इतना बड़ा बदनाम हूँ कि कोई मुझे दूर से पहचान ले। इसलिए ज़रुरी समझता हूँ कि अपने पढ़ने वालों को अपने बारे में खुद बता दूँ।

अगर एक शब्द में बयान करुँ तो कह सकता हूँ कि मैं "शौकीन" हूँ।

शौकीन हूँ एक ऐसे एहसास का जो सिर्फ इसलिए मेरे अंदर ज़िंदा है क्योंकि अभी तक मेरी सांसों ने मेरा साथ नहीं छोड़ा। शौकीन हूँ उन जख्मों का जो एक वक़्त मुझे जीने नहीं देते थे लेकिन अब मुझे मेरी पहचान देते हैं।

मैं हर उस प्यार करने वाले की आवाज़ हूँ जिसने प्यार तो कर लिया लेकिन उसे इज़हार करने का मौका नहीं मिला। और अगर मौका मिला तो वो यूँ जाया हो गया कि न करता तो ही बेहतर था।

कहते हैं प्यार और नफरत एक ही सिक्के के दो पहलू होते हैं। मतलब अगर कोई तुम्हें नफरत भी करता है तो भी एक मौका है कि शायद वो तुम्हें कभी मोहब्बत भी दे। लेकिन जब उस बे रुख की नज़रअंदाज़ी तुम्हें उसकी नफरत से भी महरूम रखे तो दिल में रह जाती बस एक "तड़प"।

मैं इसी तड़प का पेश कार हूँ।

अकेली रातें

हमेशा की तरह वो आज भी देर रात तक जाग रहा था।

इसे रात कहें या सुबह? तीन बज चुके थे। सोने की तैयारी में लाइट बंद करके वो जैसे ही बिस्तर पे लेटा, फिर उन यादों ने उसके दिमाग को घेर लिया। वो फिर कुछ देर के लिए छटपटा उठा और उसकी आँखें पानी में डूब गयी।

साल भर पहले के वो सारे पल आज भी उसके मन में ऐसे ताज़ा थे जैसे सब कुछ कल हुआ हो। इन सब चीजों से बचने के लिए ही तो उसने अपना माहौल बदला था, अपना शहर बदला, खुद को काम में इतना व्यस्त कर लिया था कि किसी बात की सुध-बुध नहीं रहती थी।

किसी और काम के लिए भले उसके पास वक़्त न हो लेकिन किसी के ख्यालों के लिए उसके पास शायद हमेशा वक़्त था।

कौन था वो?

वो जिसके पास उसके लिए एक पल भी नहीं था ....

बहाने

कुछ बहाने मैं देखूं
कुछ देखो तुम भी तो बहाना

गर ऐसे मिलते रहे तो
बढ़ जायेगा फिर याराना

जो दीवार खड़ी की है
एक अरसे से बेमतलब ही

ढह तो जाएगी पर
दोनों को मिलके ही है गिराना

अंदाज़

हम भी तो रखते हैं
शौक कुछ जानलेवा

कि दिल के तार छेड़ने में
बड़ा दर्द होता है

ये अंदाज़-ए-मोहब्बत
आता नहीं सभी को

जो इसे सीख न पाया
तमाम उम्र रोता है

तूफ़ान

तूफानों में जाने की बात क्या,
वो तो मेरे दिल में चलते हैं

उन अंगारों को ठंडा किया मैंने,
जो मेरे सीने में जलते हैं

अब पानी सावन का ऐसा है,
बुझी आग फिर जला देता है

कुछ एहसास ज़ब्त कर बैठा हूँ,
मगर अरमान क्यूँ मचलते हैं

साया

कभी था जो जिंदगी,
उसे ख़्वाब में बदलते देखा है

उसके होते हुए आस पास भी,
मैंने कब उसे देखा है

उसे हम साया बनाने की तमन्ना,
है ज़रूर मेरे दिल में

फिर भी उसे ऐसे देखा है,
जैसे किसी साये को देखा है

कागज़

ज़ख्म से रिसते हुए,
इस खून की स्याही बना कर

कब तक लिखूं बिन रोशनी,
यूँ ही दिल को जला कर

क्यूँ वो समझता नहीं,
कागज़ फट जायेगा एक दिन

जो बनाता रहा तस्वीर,
उसकी ही सौ बार मिटा कर

शमा

यूँ न मिला नज़रें इस शमा से,
वो घबरा जाएगी

कि उसे अपने परवानों के
बदल जाने का डर होगा

करने दे उसे रोशन
इस मकान को

आ बैठ इधर
ए दिल–ओ–जान मेरी

यह एहसान
मुझ पे कब होगा

शायर

फिर से लगने लगा जाने क्यूँ
लफ्ज़ कुछ कम हैं

कुछ ऐसे मुश्किल जज्बातों से
घिरे हुए हम हैं

क्या तुझे पता
ये शौक तो दिया है तूने मुझ को

शायर बनाया किसने हमे
ये जानते सिर्फ हम हैं

मुलाकात

बड़ी मुद्दतों के बाद
जो दोस्त से मुलाकात थी

कुछ कह न सके हम भी
कहनी तो कई बात थी

कभी उसको बुलाया किसी ने
थोड़ी देर के लिए

कभी हम मशगूल हुए
जबकि ऐसी सुहानी रात थी

खेल

ये नज़रों का खेल
बहुत खेला तो है तेरे साथ

कुछ क़ायदा इसका है
कि हार मेरी होती है

मैं तो कह बैठा
दिल की हर कहानी जुबां से

न मालूम था इसमें बात
इशारों से बयां होती है

तस्वीर

आज तेरी वो तस्वीर भी
जला दी मैंने

तेरी तमन्ना राख के संग
बहा दी मैंने

खुद जो बनाया
उसे मिटाना मुश्किल है

ये आखिरी छुरी भी दिल पे
चला दी मैंने

अरमां

जल गया ये हाथ
तेरी तस्वीर को जलाते हुए

बह गए दो आँसू
उसकी राख को बहाते हुए

ये बनाई थी अरमान से
लेकिन अरमाँ बचे कहाँ

मिट गयी तमन्नाएँ
तेरी याद को मिटाते हुए

किवाड़

तेरे दर पे बैठे
मुझे एक वक़्त हो गया

क्यूँ बंद है लेकिन
ये किवाड़ आज भी

क्या खुश है तू
इन बंद कमरों में अकेला

या फिर
इस घर में कोई रहता ही नहीं

चोर

कुछ चीजें शौक होती हैं और
कुछ आदत बन जाती हैं

अदाएँ जो दिलबर को नहीं भाती
हिमाकत बन जाती हैं

वो खफा रहते हैं यूँ कि
मैंने उन्हें दिल का चोर कह दिया

कभी नहीं सोचा कैसे रातें
उन बिन क़यामत बन जाती हैं

मजनू

न चाहूँ मैं तेरा
प्यार अब

तूने दिया ही मुझे
क़रार कब

तेरी बे परवाही के पत्थर
खाने पड़ें हैं
इस गरीब को

करने लगी है दुनिया मुझे
मजनू की जमात में
शुमार अब

सांसें

कुछ लिखने के लिए
अब पीना पड़ता है

मरना चाहता हूँ
फिर भी जीना पड़ता है

जिंदगी है मेरे पास
ये इतनी भारी क्यूँ है

लगता है मेरी सांसें
ये इतनी सारी क्यूँ है

चिराग

तेरे करीब आने से
ये लौ क्यूँ ऐसे हिलने लगी

शायद इस हुस्न को देख
और ज्यादा जलने लगी

रहम कर इस चिराग पर
लौ के बिना ये क्या करेगा

हम तो किसी तरह जी रहे हैं
ये आखिर कैसे जियेगा

यादें

चढ़ाये जाम पर जाम
अभी होश में हूँ
इन पैमानों में क्या दम था

उठी टीस
ढूंढी निशानी तेरी
लेकिन शायद किताब में एक पन्ना कम था

कितना नादान हूँ
वो गलती कर बैठा
कुछ दिनों पहले मैं जाने क्यूँ

जला दी तेरी सारी यादें
और अब मेरा चेहरा
मेरे आंसुओं से फिर नम था

सड़क

यूँ तो आती है नींद
तेरा चेहरा देखकर

सुबह होती है तेरी तस्वीर
नज़रों के सामने

कहने को तो पूरी जिंदगी है
मेरे आगे अभी

फिर भी क्यूँ है ये सड़क
ऐसे बंद सामने

दिलबर

दिलबर से न मिलें
तो दर्द हो

नज़रों को लगे प्यास
तो दर्द हो

हम खैर-ख्वाह है उनके
यकीं दिलाएं तो कैसे

दुआ कर नहीं सकते
उनको दर्द हो

खामोशी

मेरी खामोशी मेरी मजबूरी है
इसे मेरी आदत न समझना

तुझसे बात नहीं की तो
इसे मेरी हिमाकत न समझना

तू गर बोल देती एक लफ्ज़ प्यार का
मैं पिघल जाता

मेरे दिल के दर्द को समझ
इसे मेरी नफरत न समझना

क़मर

शब-ए-बद्र में तुझसे
रश्क वो क़मर करे

उसका माहताब फीका
तेरे आब के आगे

तकिये पे सजा नर्म गालों को
ए हुस्न

तेरे ख़्वाब हो जाएँ मुकम्मल
जब तू जागे

आवाज़

दर्द में रहना मेरा शौक नहीं
लेकिन आदत हो गयी है
सहने की

कोशिश भी करता हूँ
जरुरत न पड़े
कभी तुझसे कुछ कहने की

लेकिन कब तक
यूँ ही अपने बहते आंसूं
दुनिया से मैं छुपाता रहूँ

एक बार
फिर एक बार दिल करता है
कुछ करके तेरी आवाज़ सुनू

अर्ज़ी

देख ली दुनिया में
बड़ी ख़ुदग़र्ज़ी है

मेरी जान से प्यारी
तुझे तेरी मर्ज़ी है

न देखा कभी दरवाज़ा खोल के
ए बे रुख

अरसे से पड़ी चौखट पर
मेरी अर्ज़ी है

बोतल

कि फिर उठा ली है बोतल
एक और हाथ में

काली चादर पहने
आबनूसी काली रात में

दोस्तों की महफ़िल भी है
शोर भी है यहाँ

क्यूँ अकेला खड़ा पी रहा
मैं ही बारात में

मशहूर

मैं शायर नहीं हूँ
फिर क्यूँ लिखने को मजबूर हूँ

मैं सिर्फ तुझसे ही नहीं
अपने वजूद से भी दूर हूँ

जाम ख़तम
मेरी सांसें ख़तम
तेरी याद ख़तम न हो

ये बन जाती हैं शायरी
मैं तो बेवजह ही मशहूर हूँ

जुर्म

तूफानों से तो मैं लड़ लेता,
जो नज़ारा-ए-साहिर होता

गर मेरा ख़ुदा मान जाता,
इबादत करता न काफ़िर होता

काश वो समझ सकता
किस हालत में मैं हूँ

कोई जुर्म नहीं किया फिर भी
अदालत में मैं हूँ

टुकड़ा

बहुत पी ली है
छलकता है ये जाम

नजर हिलती है
जहां हिलता है

वो कागज़ का टुकड़ा
जिसपे लिखा था पता तेरा

कहाँ खो गया
ढूंढो नहीं मिलता है

जज़्बात

जज़्बात जो ज़ुबान पे नहीं आते
कागज़ पे उतर जाते हैं

कुछ लोग अपने दिल की बातें
दिल में लिए चले जाते हैं

जो वक़्त गुजारा उसकी याद में
कीमत समझी नहीं उसने

मेरी दिल की किताब में बंद
मेरी वो कुछ गुमनाम रातें हैं

मरज़

मरज़-ए-इश्क का इलाज
कीजिये तो आखिर क्या कीजिये

महबूब को याद कीजिये
तन्हाई में बैठकर शराब पीजिये

बर्फ आलम में न मिले जो
दिलबर की बाहों की रजाई कभी

एक मासूम से गुनाह की ये सजा
हमको कब तक दीजिये

पन्ने

कि अब मैं
जब भी दिल की किताब खोलता हूँ

उसके नए पन्नों का वजन
तराजू में तोलता हूँ

हलके होते हैं वो
कुछ वक़्त पुराने पन्नों से क्यूँ

शायद तेरे बारे में अब
पहले से कम बोलता हूँ

गुम-सुम

बोतलें तो कर दी हैं
सौ खाली मैंने
ये दिल खाली नहीं होता मेरा

के चौराहे पे बैठ कर
किस दिन नहीं देखा
नज़रों ने रस्ता तेरा

शोर में रहा कुछ दिन
कि दिल की आवाज़
सुनायी न दे अपनी

आज फिर हूँ गुम-सुम
जागूँगा रात भर
जाने कब होगा सवेरा

लफ़्ज

मैं तो आज भी
वहीं हूँ
जहाँ तू छोड़ के गयी थी

कैसे बढ़ता आगे
सब रस्ते
तू मोड़ के गयी थी

अब भी हूँ तरसता
तेरी आवाज़ में
एक लफ्ज सुनू

दिल के टुकड़े भी वैसे
जितने तू
तोड़ के गयी थी

पैगाम

रुक जा
और पी बैठ कर
दरवाज़ा खुल्ला है अभी दुकान का

होश खोकर मिल जाता है
खोया पता
महबूब के मकान का

के हाल मालूम करने को
एक पैगाम भेजा था
उसके नाम सुबह

दिन तो निकल गया
अब जनाज़ा निकलेगा
मेरे अरमान का

बेफिक्र

मेरी काफ़िरी की सजा
मुझको कुछ ऐसे मिली

ख़ुदा मुझे इश्क का
दोज़ख रस्ता दिखा गया

वो तो चला गया
बेफिक्र जिसे प्यार न हुआ

मुझे खुल के जीना
छिप के मरना सिखा गया

रात

तेरे बिन
एक दिन और कैसे जियूँगा

आज रात
फिर से मर मर के पियूँगा

काश

काश
कोई मेरे एहसासों का ख़रीदार होता

तो इन्हें छिपा कर न रखता
जमाने से यूँ

न बहने देता
खून-ए-दिल सरे आम सस्ता

मेरी नीलामी में
शामिल हो जाता तू

कलम

एक वक़्त आता है
जब ग़ज़ल पूरी नहीं होती

किसी के लिए लिखने की
मजबूरी नहीं होती

दर्द होता है इतना
कलम उठती नहीं फिर से

नूर होता नहीं क्योंकि
दिल की नूरी नहीं होती

ख़तम

दिल को खर्च किया मैंने
ख़तम हो भी गया कुछ

इश्क़ का मर्ज़ लिया मैंने
ख़तम हो भी कुछ

तेरे आने से पहले
भरा रहता था पैमाना

तू चला गया और जाम
ख़तम हो भी गया कुछ

अनपढ़

मैं अनपढ़ नहीं हूँ,
बस मेरी कलम टूटी है

मैं क्या करूँ वो मुझसे
हमेशा के लिए रूठी है

अब लिखूं तो क्या लिखूं
जब वो पढ़ती नहीं

न मुझे इलज़ाम दो
कि मेरी मोहब्बत झूठी है

सदमा

एक सदमा था मुझे
जब सुनी खबर
तेरी शादी की

पता नहीं अब ख़त्म सब
या शुरुआत है
बर्बादी की

मालूम था
ये वक़्त आना था
इंतज़ार भी था इसका

अब इंतज़ार है
कब जान जायेगी,
इस फरियादी की

सपने

कुछ अपने
छोड़ गए मुझको

कुछ छोड़ गए
न हुए अपने

जो ख़्वाब थे
वो सब टूट गए

न देखें
आँखें अब सपने

अरमान

मैं लिखता हूँ
क्योंकि रो नहीं सकता

मेरी आँखों से निकलती
स्याही है

अरमान था
तू ले लेती दिल मेरा

कुछ माँगा तो नहीं
दिया ही है

आवारा

नहीं होता तेरे दर का
ठुकराया हुआ जो

क्यों खाता मैं यूँ
दर-बदर ठोकर

न फिरता
सूनी गलियों में आवारा

मेरा भी होता कोई
मेरा भी होता घर

लिफ़ाफ़ा

इस बेपता लिफ़ाफ़े को
कोई पहुंचा दे पते पर

इस पर पता लिखने की
मेरी कोई आरज़ू नहीं

यूँ तो पास है
उस बेकदर का घर

मेरे उसके घर के बीच
रस्ता कोई मौजूद नहीं

मोहब्बत

मोहब्बत वो दारु है
चढ़ जाये
तो उतारी नहीं जाती

कितनी ही कर लो कोशिशें
कोशिशों से
बारी नहीं आती

बस आता है एक दिन ऐसा
लगने लगता है
कोई अपना सा

उसके बाद न दिन गुज़रे
और रात भी
गुज़ारी नहीं जाती

चेहरा

एक चेहरा है
नया सा

कभी साफ़
कभी धुँधला सा

कभी लगे आधी रात में
चाँद रुपहला सा

कभी बातें करे मुझसे
कभी सुने मेरे दिल की

क्या यही तो नहीं
मेरा वो प्यार पहला सा

दिल

दिल खोल दो अपना
मेरे सामने
कुछ इस कदर

कि हम भी देखें
कुछ इसमें है
या नहीं

हम तो
ढूंढ रहे थे
रस्ता भूला हुआ

किसी ने बताया
हम कभी
रहते थे यहीं

शौक

एक तस्वीर थी अधूरी
जिसे तू पूरा कर सकती थी
मैं कलाकार तो हूँ
मेरे पास रंग नहीं हैं

कहीं खो न जाएँ शौक
जो मुझे खुश रखते थे
यूं कि ये ही देते हैं दर्द
जो तू मेरे संग नहीं है

सच

वो आज सोये
कुछ इस कदर
हमसे बेखबर
और हम बैठे रहे
उन्हें तकते रहे

ये भी तो सच है
कहीं न कहीं
हमारे लिए ही तो
कल देर रात तक
वो जगते रहे

लब

तेरे लब पे लब रखूँ
तो ये शाम रात हो जाये

तुझे बाहों में भर लूँ
मेरी क़ायनात हो जाये

तलबग़ार हूँ मैं तेरा
यूँ कोई कर्ज़दार नहीं

जो तू मेरी हो कर रहे
तेरी ये जायदाद हो जाये

हकीम

ज़ख्म-ए-दिल पे
तेरी मोहब्बत एक मरहम है
तुम हकीम हो मानता हूँ
क्या दिल के भी हो

ये बुखार देखो
ज़रा नब्ज़ लो
क्या मरज़ है ये
लोग कहते हैं मुझे इश्क़ है
तुम इसे नाम दो

नमी

यूँ तो रहती हैं मेरी आँखें नम, हर शाम अब
लेकिन मेरे गालों को, ये कभी गीला नहीं करती

ये समंदर इस झील में, समाया है कैसे जाने
मेरे आँसुओं की माला, टूट कर क्यूँ नहीं बिखरती

पहले सब्र ये था, कि चोट देने वाला अजनबी है
दर्द होता तो था, लेकिन सह लिया करता, किसी तरह

अब उन्ही घावों में, जो कोई अपना लगा दे नश्तर
गुमाँ होता है, क्यूँ करता है वो ऐसा, बेगानों की तरह

जाहिर

जाहिर तो कुछ नहीं करता
पर खुद को मैं सजा देता हूँ

खफा होता हूँ तुझसे ए ख़ुदा
तो तेरी तस्वीर बना लेता हूँ

कैसे मैं भला तेरी बंदगी छोड़ दूँ
क्या दिल में बनी तेरी मूरत तोड़ दूँ

गर यही सूरत है तुझसे मिलने की
तू कह के तो देख ये जिंदगी छोड़ दूँ

झूठा

क्यूँ मैं इतना बड़ा झूठा हो गया
कहता हूँ कि तुझसे प्यार नहीं करूँगा

तेरा दिल रखने को तेरे सामने
अपने जज़्बात-ए-दिल इज़हार नहीं करूँगा

अभी तेरी शक्ल दूर है कुछ दिनों से
तो मेरी हालत फिर बिगड़ने लगी है

कितना ही दबाता हूँ इस दबी चिंगारी को
ये आग बन फिर भड़कने लगी है

तू है कहाँ किसी से पूछ नहीं सकता मैं
तेरी रुसवाई का डर मुझे ज्यादा है

मुसीबत ये भी है तेरे दिल में कुछ नहीं

तेरी कदर मेरे दिल में कुछ ज्यादा है

कातिल

मुज़रिम कभी इक़बाल-ए-जुर्म नहीं करते
तुम कातिल हो मेरे कहते भी नहीं डरते

ऐसा घाव दिया दिल को मैं जिंदा कहाँ हूँ
जब मिलते हो पूछते हो क्यूँ नहीं मरते

महसूस करो एहसासों में वो तपन कहाँ
ये तो बस काला धुआँ है इसमें अगन कहाँ

घूमता हूँ रोज ही इस कब्रिस्तान में अकेला
कि भूल चुका हूँ मेरे दिल की लाश दफ़न कहाँ

दोस्त

एक दोस्त क्यूँ लगे इतना अपना सा
पास हो तो लगे जो एक सपना सा

अब दूर है पर सांसों में है
कभी लगे हाँ जैसा, कभी न जैसा

कुछ लिया नहीं, बचा भी तो नहीं
याद रहती है उसकी मासूम हंसी

फिर लगा वो दरवाज़े के पीछे है
फिर गुमां हुआ उसने कुछ बात कही

जवाब

न जवाब देना तू जरूरी समझे
न हमारे दिलों की तू दूरी समझे

प्यार तो मुझे है तुझे कहाँ है
तू क्यूँ भला मेरी मजबूरी समझे

ये एहसास मिटाने की कोशिश में हूँ
एक प्यास छुपाने की कोशिश में हूँ

तेरी ये चुप ही तेरी ज़ुबां है मेरे लिए
जब तू न मेरे दिल की संतूरी समझे

बारिश

आज हुई गम की बारिश फिर से
कोई कर रहा जो साज़िश फिर से

दे गया हाथ में पैमाना-ए-सागर
ले गया जीने की ख़्वाहिश फिर से

बनाई उसकी मैंने तस्वीर फिर से
कोशिश की लिखूं तकदीर फिर से

मिटा गया मेरे पंजे की क्यूँ लकीरें
बिखर गयी स्याही-ए-ताबीर फिर से

बदनाम

कभी कभी दिल करता है, ये बात सरे आम कर दूँ
खुद तो बदनाम हूँ, आज उसको भी बदनाम कर दूँ

वो ख़ुदा बन के बैठा है, मेरे दिल का कातिल हो कर
आज मैं भी क़त्ल करुँ, उसका काम तमाम कर दूँ

खंज़र दिल में उतारा जो है, वापिस लेने ही आजा
ओ कातिल मेरे, मेरे मरने के सबूत तो मिटा जा

आखिरी साँस से पहले, चेहरा दिखा दे जरा फिर से
तेरे एवज़ किसे दूँ सजा, एक दूसरा नाम बता जा

वादे

कुछ वादों पे कभी एतबार नहीं होता
भरोसा कर तो लो, फिर इंतज़ार नहीं होता

वो हर बार की तरह अपनी बात रखते नहीं
कह के मिलने आते नहीं, फिर कहते हैं प्यार नहीं होता

जिंदगी होती है बर्बाद तो होने दो
के उठ जाऊँगा दोबारा जरा सोने दो

हँसते हुए चेहरों की आदत होती थी कभी
अब तो एक नयी आदत है, जरा रोने दो

क्या हद है मेरे दर्द सहने की
कुछ कीमत है मेरे चुप रहने की

जरा दाम तो बोलो, नज़रों पे न जाओ मेरी
ये तो आंसूं हैं, इनकी फितरत है बहने की

तकलीफ़

बड़ी होती है तकलीफ़ पर आती है शर्म रोने में
बहाना करता हूँ कि आँखों में धूल गयी है

जिसकी यादें मेरे जिस्म में लहू से ज्यादा हैं
कैसे कहूं, वो कहती है वो मुझे भूल गयी है

कि ज़रा डरता हूँ मौत से इसलिए मैं मरता नहीं
इसका मतलब ये नहीं कि तुझसे प्यार करता नहीं

या ऐसा है कि पल-पल मरता हूँ तेरे बिन हर दम
आदत ऐसी है कि एक बार मरने का दिल करता नहीं

पहचान

तेरे लब तो हैं, हो चाशनी जैसे
तेरे बिन जिंदगी, बिन रोशनी जैसे

तू गर मिल जाती, जी लेता मैं भी
बुत हूँ मैं कैसा, जानता ही नहीं

क्या वाकई ऐसा है तू मेरी जान है
या ये मेरा मामूली से गुमान है

कुछ भी हो, तू बस तो गयी है मुझ मे
मैं खुद कुछ नहीं, तू ही मेरी पहचान है

कभी

कभी तेरे अक्स को लकीरों से क़ैद किया
कभी मिटा-मिटा कर कागज़ को सफेद किया

कभी खून से लिखी लफ़्ज़ों में इबादत तेरी
कभी वो सब किया जो थी ही नहीं सिफ़ाक़त मेरी

कभी किया ऐतबार इतना कि क्या गज़ब किया
कभी शम्स देखा नहीं इंतेज़ार हर शब किया

कभी भरा नहीं घाव छिपा-छिपा के पुराना किया
कभी दिल की जो हक़ीक़त थी फ़क़त उसको फ़साना किया

बीमार

यूँ उड़ाया न करो हंसी मेरी,
ख़ुदा न करे तुम को प्यार हो

बड़ा मुश्किल मरज है ये,
भूत इसका न तुम पे सवार हो

कोई दवा नहीं, कोई मंतर नहीं
तुम जियो, या मरो कोई अंतर नहीं

कोई न करे खयाल, न कोई हाल पूछे,
न पूछे कोई बीमार हो

तन्हाई

बस शब की तन्हाई में अब दिल लगे
या फिर दिल लगे उसके पास होने से

कहने को अब तक मिले नहीं हम दोनों
खुद को रोकूं कैसे ये एहसास होने से

ये सोच भी तो गज़ब चीज़ है मेरी
हर वक़्त लाती है नज़रों में सूरत उसकी

जगाती है उससे मिलने की चाहत में
हँसाती है रुलाती है बातों पे उसकी

वो पराया है लगता तो नहीं ऐसा
मैं न जानूँ कि वो होगा कैसा

बस एक आस है उससे मिलूंगा कभी
और भरोसा है न होगा कोई उसके जैसा

शर्त

न तू समझी मुझे, न मेरे दर्द को
तू बताती तो पूरा करता तेरी शर्त को

तूने बाँटी ख़ुशी अपनी गैरों में भी
गैर समझा मुझे अपने आशिक़ ही को

नाम लिखा नहीं तेरा सीने पे अगर
तुझको दिखता नहीं मेरा खून-ए-जिगर

तू ही ख़्वाब मेरा तू ही नींद मेरी
तू ही थामे हुए सांसों की डोर को

एक अरसा हुआ दिल ये लगता नहीं
तेरे आगोश की लगती है बस कमी

नज़रें सूख गयी तेरे इंतेज़ार में
मौत आती नहीं मेरी सख्त जान को

आए वो दिन कभी तेरा भी दिल दुखे
प्यार तुझको भी हो तू भी आँहें भरे

फिर कहेगी तू भी ये मैं था झूठा नहीं
रो पड़ेगी वहीँ सोंच मेरे इश्क़ को

बेवफ़ा

तूने आखिर मुझे ही बेवफ़ा कर दिया

मुझे कभी याद नहीं किया
खुद को भुलाने पे मजबूर कर दिया

वफादार भी मैं था बेवफ़ाई भी मैंने ही की
जब तूने मेरी चाहत का कोई सिला नहीं दिया

अब किसी पे ऐतबार होता नहीं आसानी से
तूने नफरत का ज़हर मुझमें जो भर दिया

मैं भी कभी खुश था थी होठों पे हंसी असली
तेरे तग़ाफुल ने जज़्बों को नकली सा कर दिया

तूने आखिर मुझे ही बेवफ़ा कर दिया

आशिक़

बैठा हूँ फिर से तेरी वो तस्वीर ले कर
जो छुपाई थी मैंने कभी किताबों में

तेरी हर निशानी को मिटा चुका था अब तक
जीने नहीं देती तू भी आती है यादों में

सोच रहा हूँ मन में ऐसा क्यों है
तू ही रहती है हर दम मेरी आहों में

चेहरे और भी हैं हंसी बहुत आस-पास
क्या मिलता है मुझे तेरी ही निगाहों में

अब तू भी कुछ ऐसी बे-रुख है मेरी तरफ
कैसे पूछूं क्या कहती है तू इशारों में

कितनी चाहत से भरा है ये दिल तू जानती नहीं
समझ जाएगी अगर आएगी इस आशिक़ की बाहों में

निगाहें

इन निगाहों से मुझे देखा न कर यूँ
मैं मर जाऊँगा मुझे इनसे प्यार है

धोखा होने लगता है तू बोलेगी कुछ
जानता हूँ तेरे दिल में इनकार है

कोशिश कर तो रहा हूँ तुझे भुलाने की
इतना आसां नहीं तू सांसों में बसती है

एक बात बता मैं तो तेरे दिल में नहीं
क्यों लगता है तू भी मुझे कभी तकती है

ये मेरा गुमान है या बात कुछ और है
न मैं पहले समझा तू आज भी कुछ और है

क्या तू देखती है क्यों ये दीवाना ऐसे है
घायल तो किया था अभी तक ज़िंदा कैसे है

बेचैन

मेरे पास आने से
जो हो जाती है बेचैन तू
तेरे चेहरे पे शिकन ये
मुझे अच्छी नहीं लगती

मैं तो कभी था ही नहीं
तेरी ज़िंदगी में
न अब हूँ
फिर मुझे ऐसे देख
नज़रें क्यों है बदलती

थोड़ा वक़्त दे
मुझे उठने का
चोट खाकर गिरा हूँ में

चलता रहूँगा

तुझसे दूर

जब तक मेरी सांसें नहीं थमती

तेरे इन बदले हुए अंदाज़ों से

होती है ज्यादा तकलीफ़

एहसास मत दिला

बार-बार

कि तू मुझे प्यार नहीं करती

कब तक कहूँगा

अपने दिल की बातें

रोने देता नहीं ज़माना

मेरे कलम में

स्याही

मेरे आँसुओं से है भरती

नाखुश

बड़ी नाखुश सी तबियत है आजकल
नूर-ए-दिल खोया-खोया है मेरा

तूने ऐसी सज़ा क्यों दे दी मुझे
तुझे देखने का हक़ भी अब न रहा

तुझे दिल भर के देखने को न मिला
हम दूर से ही नज़रों को भरते रहे

एक बार तेरे पास आने की कोशिश जो की
तुझसे उम्र भर के लिए हम जुदा हो गए

अब तो तेरी नज़र ये शेर करता हूँ
तुझे क्या पता मैं न जीता हूँ न मरता हूँ

एक बार पर्दा हटा के बैठ थोड़ी देर
फिर तुझे अपनी आँखों में कैद करता हूँ

तू मिले न मुझे न मैं भूलूँ तुझे
जीना है बस मुझे अपनों के लिए

अकेला होता तो कब का मर जाता मैं
बहाना सही तू आती मेरी मज़ार पे

माँग

मैंने आखिर क्या माँगा तुझसे
एक छोटी सी मुलाकात मांगी थी

एक बात कहने को तरसाया तूने
न जवाब-ए-सवालात मांगी थी

कर देती है मजबूर मुझे
तेरी एक ही नज़र

जब शब-ए-वस्ल न मिली
तभी जुदाई की रात मांगी थी

मेरी किस्मत में तो तू नहीं
तेरे लिए शादी-बारात मांगी थी

तेरी डोली के सदके में
आँसुओं की बरसात मांगी थी

मर जाऊँगा तो आ जाना
मेरे जनाज़े पे हँसने के लिए

एक मुलाक़ात ही तो मांगी थी
कौन सा पूरी क़ायनात मांगी थी

गुज़र

कैसे वक़्त गुज़रता है
तेरी बातों से

मुझे अब प्यार हो गया
रातों से

यूँ तो रहता हूँ
तुझसे दूर मैं

पर फासले अच्छे लगते है
मुलाक़ातों से

कब जाएंगी ये दूरियाँ
कौन जाने

सिर्फ तेरी आवाज़ सुन कर
न दिल माने

कब होंगे दीदार-ए-यार
नसीब मुझको

ऐसा कब होगा
तू भी मेरी धड़कन पहचाने

घाव

बैठे हैं सर्द रात में अकेले
इंतज़ार किसी का
किये जा रहे हैं

पर उन्हें है क्या कोई फ़िक्र हमारी
हमारा इम्तिहान
लिए जा रहे हैं

हम न करे बात तो बुरा मान बैठेंगे
खुद क्यों हमसे
छिपे जा रहे हैं

अब तो ये आलम है वक़्त बिताने को
घाव खाकर उसी को
सिये जा रहे हैं

कमाल

तेरा कमाल है अल्लाह
तेरा जमाल है अल्लाह

तेरा हुस्न जो उतारा है
ज़मीं पे मेरे लिए
के ये ख़ुदा भी
बेमिसाल है अल्लाह

तेरे लबों के ये पैमाने
जहां में हैं ये निराले
क्या समां है क्या फ़लक पे
घटा जैसे बाल काले

मखमली गाल है अल्लाह
नशीली चाल है अल्लाह

तेरी अदाओं के चर्चे गली-२ हो गए

इन्ही अदाओं पे हुआ

मैं निहाल हाय अल्लाह

एहसास

वो आधी अधूरी नींद में
तेरा मुझसे लिपट जाना
तेरे बालों की नमी से
यूँ मेरा बेबाक जग जाना

बस सिमटे रहें शब भर
एक-दूजे की बाहों में
सांसों में सांस लेते हुए
दिन का भी गुज़र जाना

वो कुछ पल ही तो थे
तेरे साथ जो बिताये मैने
मेरी दिल की किताब में
जो हैं कहीं छुपाए मैंने

ये दरवाज़ा बंद था अरसे से
दिल का मेरे यूँ ही

तेरे क़दमों की आहट सुन
सब ताले हटाए मैंने

ये एहसास कुछ नया तो है
तुम नए नहीं लगते
दिन भर हमारी बात हो
हम बातों से नहीं थकते

कभी लगता है दूर हूँ
कभी लगता है बहुत पास
कैसी उलझन है दोनों की
कुछ कर नहीं सकते

याद

मैं तेरी याद में ऐसे जल उठा
के तेरा जिक्र ही मेरे पास है

तेरे सवाल का मैं जवाब हूँ
तेरा वजूद कुछ ऐसा खास है

आजा मेरी बाहों में
बैठा तेरी राहों में
तेरे अक्स कैद हैं
मेरी इन निगाहों में

बरसे आज पानी है
तरसे ये जवानी है
आके पूरी कर दे जो
अधूरी ये कहानी है

तेरे बदन का तो मैं लिबास हूँ
तू मेरी जिंदगी तू मेरी प्यास है
मैं तेरी याद में ऐसे जल उठा
के तेरा जिक्र ही मेरे पास है

ख़ुदा

ए ख़ुदा! अब थोड़ी ख़ुशी दे दे
या मुझे और भी ग़मगीन कर दे

मेरी कलम का वज़न
कुछ घटने लगा है जाने क्यों
इसे तोड़ दे
या फिर इसमें स्याही-ए-तासीर भर दे

ये उठाई थी मैंने
किसी की याद को
लफ़्ज़ों में बदलने को
कोई पत्थर है उसके दिल में
या मेरी ही आँखों में शायद
बहुत वक़्त लगेगा दोनों में से
किसी एक को पिघलने को

अब कुछ कर सकता है
तो वो बस तू ही है
तू ही है उम्मीद मेरी
ये दोनों पत्थर मोम हो जाएं
दोनों को इतना गरम कर दे

अगर ख्याल है तुझे अपनी बिसात का
एक मौका देता हूँ मैं तुझे
दे दे मुझे वो
जिसकी मुझे आस है
और इस काफिर को फिर से नमाज़ी कर दे

अब थोड़ी ख़ुशी दे दे
या मुझे और भी ग़मगीन कर दे

सवाल

एक सवाल है सबसे मेरा
कोई जवाब देगा मुझे
क्या गलती की है मैंने
ये समझाएगा मुझे

जब शर्त हो दोस्ती की
कि उनसे प्यार न करो
दर्द कितना ही होता रहे
पर आह न भरो

जब कोई कह दे तुमसे
क्या करोगे दोस्तों
घुट घुट के मरते रहो
प्यार का इज़हार न करो

इज़हार-ए-इश्क़ तो हम कर चुके है

पीछे कैसे हटेंगे

क्या पता था हाल-ए-दिल बता कर
उन्हें ही खो देंगे

हमने तो बस चाहा है
वो खिलखिलाती रही ख़ुशी से
बहारें आएं उसके दामन में
भले हम रहें मुर्झाये से

हमें याद कर ले वो कभी
यही तमन्ना रहेगी अब दिल में
और नाम शुमार रखे हमारा
अपने चाहने वालो की लिस्ट में

दगा-बाज़

मेरा दिल सुनता नहीं मेरी
दगा-बाज़ वो नहीं
ये है आखिर

छिपा रखी हैं मैंने
सारी तस्वीरें उसकी
बना लेता है उनको
न जाने कैसे ये फिर

कोशिश करता हूँ
वो दिखे तो मैं पलट जाऊँ
उसके पलटते ही पलटने में
ये है माहिर

इसको निकालूँ मैं सीने से
तो भी मैं मर जाऊँ

जियूँ कैसे मैं लेकिन
जब साथ है ये काफिर

अब तो एक ही सूरत है
यारों इसे समझाने की
कि वो भी अपना इक़रार
आकर कर दे जाहिर

साथी

गीत गाता था पहले
अपने दिल को बहलाने के लिए
संगीत की लय में
खो जाता था हर गम कभी

अब तो हर साज़ से
बस दर्द ही निकलता है
मेरे अकेलेपन के साथी
धोकेबाज हो गए सभी

ज़ख्म

अब दिखाता नहीं ज़ख्म
इस दुनिया को मैं
तू कभी समझेगी नहीं
और लोग इन्हे कुरेदेंगे

पर दवा भी तो नहीं
मेरे पास इन्हे सहलाने की
नासूर तो बन चुके हैं
कम्बख्त ये अब कहाँ भरेंगे

दूरी

नहीं बात की कुछ दिनों से
तो नाराज़ बैठे हैं

कल तक हमारे पास थे
दूर आज बैठे हैं

न नज़रें मिलाते हैं
न मुस्कराते हैं अब वो

छोटी सी भूल पे हमें
मान दगा बाज़ बैठे हैं

सांस लेते हैं रोज
क्या ये भी जाताना पड़ेगा

एक नाम है उनका दिल में

चीर के दिखाना पड़ेगा

जुबां से बुलाते नहीं
न कोई इशारा देते हैं

क्या ये सारा इश्क-रिस्क
हमको ही उठाना पड़ेगा

हिस्सेदार

ये घर हम दोनों के
अब भी आस पास क्यों हैं

जिससे जाना चाहता हूँ दूर
उसका ये एहसास क्यों हैं

जब रास्ता बदलता भी हूँ
मिल जाये वो मोड़ पे

मेरी जिंदगी में वो
इतना हिस्सेदार क्यों है

क्या दूर जाने के लिए
अपना घर बदल लूँ

या उससे बोलूं
अपना ही छोड़ जाने के लिए

या दरवाज़े बंद कर
बैठा रहूँ कमरे में

और बुलाऊँ दूसरों को
अपने घर मिलने के लिए

सर्द

सर्द सर्द सर्द
मेरा दिल ये सर्द है
न रात है
न रेत है
पर देख के न देखूं मैं
दीवार है
क्या पार है
कैसे भला ये कह दूँ मैं
है गर्द गर्द गर्द
न हटती गर्द है

तू पास है
इतनी मेरे
फिर भी तू इतनी दूर है
मुझको तो अब
ये हक़ नहीं

क्या तू भी

मजबूर है

हैं ज़र्द ज़र्द ज़र्द

मेरे ज़ख्म ज़र्द हैं

न मैं कहूँ

न तू कहे

दिल दूरियाँ कब तक सहे

आँखों में तो

पानी नहीं

दिल का लहू क्यों है बहे

है दर्द दर्द दर्द

इतना क्यों दर्द है

सर्द सर्द सर्द

मेरा दिल ये सर्द है

बर्बादी

बर्बादी के शौक में
खुद को पाया इतना मसरूफ़ मैंने
तू लौटेगा फिर कभी
इस सब्र से
खुद को बनाया बेवकूफ़ मैंने

अब तेरा शहर
छोड़ बैठा हूँ
मगर तन्हाई नहीं छूटती
अगर उठाता ही न सेहरा माथे पर
क्यों भला
मेरी बारात लुटती

राख

तेरी याद में लिख रहा हूँ
अब कुछ शेर ये आखिरी

कर दूँगा बंद उसके बाद मैं
किताब अपनी ये दिल की

मेरे आँसुओं से इसके
पन्ने कुछ धुलने लगे हैं

अब रहेगी महफ़ूज़ न खुलेगी
ये किसी के कहने पर भी

कहीं बीच इसके पन्नों में
एक तस्वीर रखी होगी तेरी

देखूँगा न उसे दोबारा
निशानी होगी वो मेरे प्यार की

मन करे तेरा इसे पढ़ने का
तो देख लेना मेरी दीवार

मिल जाएगी तुझे कालिख लगी
मेरे अरमानों की राख की

www.ingramcontent.com/pod-product-compliance
Lightning Source LLC
LaVergne TN
LVHW040621061026
849523LV00001B/267